중요도와 빈도수에 따라 정리한

신약성서 헬라어 단어집

-어휘, 문법 변화표와 동사 기본형 수록-

프리드리히 레코프 지음
김충연 옮김

대한기독교서회

중요도와 빈도수에 따라 정리한

신약성서 헬라어 단어집

– 어휘, 문법 변화표와 동사 기본형 수록 –

2010년 8월 20일 초판 1쇄
2025년 4월 10일 초판 6쇄

지은이/프리드리히 레코프
옮긴이/김충연
펴낸이/서진한
펴낸곳/대한기독교서회

등록/1967년 8월 26일 제1967-000002호
주소/서울시 강남구 테헤란로 103길 14(삼성동)
전화/출판국 (02) 553-0873~4, 영업국 (02) 553-3343
팩스/출판국 (02) 3453-1639, 영업국 (02) 555-7721
e-mail/editor@clsk.org
https://www.clsk.org
facebook.com/clskbooks
instagram.com/clsk1890

책번호 1684
ISBN 978-89-511-1281-2 93230

Griechisches Lernvokabular zum Neuen Testament
Wortschatz, grammatische Paradigmen und Stammformen
by Friedrich Rehkopf
tr. by Kim, Chung-Yeon

*책값은 뒷표지에 있습니다.

역자 서문

역자는 먼저 프리드리히 레코프(F. Rehkopf)의 Griechisches Lernvokabular zum Neuen Testament (중요도와 빈도수에 따라 정리한 신약성서 헬라어 단어집)를 여러분에게 소개하게 되어 매우 기쁘게 생각합니다.

이 책은 독일 신학생들이 신약성서의 헬라어를 습득하기 위해 가장 많이 사용하며, 신약성서를 연구하려는 학생들에게 좋은 지침서로서 오랜 기간 동안 검증된 안내서입니다.

헬라어를 습득하려는 학생에게 반드시 필요한 것은 헬라어의 문법이해와 단어암기입니다. 그 중에서도 단어암기는 모든 언어에서 그러하듯이 반드시 필요한 부분입니다. 그러나 그 많은 헬라어 단어 가운데 어느 단어부터 암기해야 하는가를 알지 못한 채, 넘쳐나는 헬라어 단어의 양에 부담을 갖고 중도에 그만 포기하는 학생들을 주변에서 많이 보게 됩니다. 역자도 독일에서 유학시절 헬라어를 공부할 때 막연하게 수업시간마다 나오는 단어를 정리했지만, 매 시간 끊임없이 새롭게 등장하는 단어의 수에 눌려서 많은 어려움을 겪은 경험이 있습니다. 그때 이 책을 찾게 되었는데, 그 기쁨은 마치 긴 어둠의 동굴에서 한줄기 희망의 빛을 발견한 것 같았습니다.

프리드리히 레코프는 이 책을 통해 신약성서에 등장하는 헬라어(약 1300-1500 단어)를 중요도와 빈도수에 따라 정리해 줌으로써 학생들이 좀 더 쉽고도 실용적으로 헬라어를 습득하도록 도와줍니다. 이 책은 '어휘'뿐만 아니라 문법적으로 중요한 '동사의 기본형'과 '변화형 도표'도 함께 수록하고 있습니다. 그리고 맨 뒤편에 수록된 색인은 작은 사전처럼 찾고자 하는 단어를 빠르게 찾아볼 수 있도록 도와주며, 얇은 책이므로 어디든지 손쉽게 갖고 다닐 수 있어서 쉽게 헬라어를 습득하게 될 것입니다.

역자의 바람은, 이 책이 학생들과 목회자들에게 '헬라어 성서 통독'이 이제는 도전하기 어려운 높은 산이 아니라, 충분히 해낼 수 있는 자신감을 갖도록 하여 성서를 원전으로 읽고 이해하는데 초석이 되는 것입니다.

2010년 7월

김충연

차례

1. 알파벳

α	β	γ	δ	ϵ	ζ	η	θ	ι	κ	λ	μ	ν	ξ	ο	π	ρ	σ/ς	τ	υ	φ	χ	ψ	ω
Α	Β	Γ	Δ	Ε	Ζ	Η	Θ	Ι	Κ	Λ	Μ	Ν	Ξ	Ο	Π	Ρ	Σ	Τ	Υ	Φ	Χ	Ψ	Ω
a	b	g	d	ě	ds	ē	th	i	k	l	m	n	x	ŏ	p	r	s	t	u	ph	ch	ps	ō
ㅏ	ㅂ	ㄱ	ㄷ	ㅔ	ㅈ	ㅔ	ㅌ	ㅣ	ㅋ	ㄹ	ㅁ	ㄴ	ㅎ	ㅇ	ㅍ	ㄹ	ㅅ	ㅌ	ㅠ	ㅍㅎ	ㅋㅎ	ㅍㅅ	ㅇ

1. 7개의 모음: α ϵ η ι ο υ ω

장모음 η ω는 단모음인 ϵ ο에 의해서 확연하게 구별된다.

α ι υ 는 단어에 따라서 짧게 또는 길게 사용된다.

2. 8개의 이중모음:

αι = 아이 ϵυ = 에우 또는 유 또는 오이 ου = 우~

ϵι = 에이 ηυ = 에우 υι = 위이

αυ = 아우 οι = 오이

3. 3개의 이중자음:

ζ = ô + σ ξ = κ(γ, χ) + σ ψ = π(β, φ) + σ

4. γ 의 발음:

γ 는 κ, γ, χ 그리고 ξ 앞에서 n(-ng: 잉)으로 발음한다.

ἄγγϵλος : 천사 ἄγκυρα : 닻

2. 3개의 악센트

1. 장음부(치르쿰플렉스: Zirkumflex) ~ : τοῦ, παῦλος.

장음부는 마지막 두 개의 음절에 놓여질 수 있다. 마지막 음절이 짧고 둘째 음절에 장모음이 있으면 끝에서 두 번째 음절에 장음부호가 온다: παῦλος

2. 예음부(아쿠트: Akut)´ : ἄνθρωπος, λόγος, θϵός

예음부는 마지막 3음절 중 어느 한 음절에 올 수 있다. 마지막 음절이 짧은 경우, 끝에서 세 번째 음절에 놓이게 되고, 끝음절이 길면 둘째 음절을 넘어갈 수 없다.

3. 억음부(그라비스: Gravis)ˋ : (예음부의 약화/감소) τὸ ἱερὸν καὶ...

억음부는 마지막 음절에만 놓인다. 그리고 단지, 한 단어가 뒤따를 때만 예음부는 억음부로 바뀐다.

3. 강한 숨표와 약한 숨표

모음 또는 복모음으로 시작되는 각각의 단어들은 강한 숨표나 약한 숨표를 갖게 된다. ρ 로 시작되는 단어들은 약한 숨표를 갖는다.

1. 강한 숨표(Sp. asper)ʽ ('ㅎ' 발음이 된다.):

   αἱ ὁδοί = 하이 호도이(hai hodoi);

   ῥήτωρ = 레토르(Rhetor)

2. 약한 숨표(Sp. lenis)ʼ (발음상에 큰 의미는 없다.)

   ἐν = 엔 ἄνθρωπος = 안트로포스

3. 강세(Akzent) + Spiritus

   ὦ ὧ ὤ ὥ ὢ ὣ Ὦ Ὧ Ὤ Ὥ Ὢ Ὣ

   주의: 이중모음으로 시작되는 단어는 강세(Akzent)와 숨표(Spiritus)를 두 번째 모음 위에 갖는다.

4. 헬라어 알파벳/신약성서 목록

ἄλφα, βῆτα, γάμμα, δέλτα, ἒψιλόν, ζῆτα, ἦτα, θῆτα, ἰῶτα, κάππα λάμβδα, μῦ, νῦ, ξῖ, ὂμικρόν, πῖ, ῥῶ, σῖγμα, ταῦ, ὖψιλόν, φῖ, χῖ, ψῖ, ὦμέγα.

Μαθθαῖος, Μᾶρκος, Λουκᾶς, Ἰωάννης, Πράξεις Ἀποστόλων, Ῥωμαῖοι, Κορίνθιοι, Γαλάται, Ἐφέσιοι, Φιλιππήσιοι, κολοσσαεῖς, θεσσαλονικεῖς, τιμόθεος, τίτος, Φιλήμων, Ἑβραῖοι, Ἰάκωβος, Πέτρος, Ἰούδας, Ἀποκάλυψις Ἰωάννου

5. 신약성서에서 200번 이상 등장하는 단어들

ὁ, ἡ, τό	정관사		
ἀδελφός	형제	λόγος	말씀
ἄνθρωπος	사람	οὐρανός	하늘
θεός	하나님	υἱός	아들
κύριος	주		
γῆ	땅	μαθητής	제자, 학생
ἡμέρα	낮, 하루		
ἀνήρ, ἀνδρός	남자	ὄνομα, -ματος τό	이름
γυνή, γυναικός	여자	πνεῦμα, -ματος τό	영(Spirit)
πατήρ, πατρός	아버지	πίστις, -εως ἡ	믿음
ἅγιος, ἁγία, ἅγιον	거룩한		
ὅς, ἥ, ὅ	그, 그녀, 그것(관계대명사)		
οὗτος, αὕτη, τοῦτο	이 사람, 이 여인, 이 것(지시대명사)		
ἐκεῖνος, ἐκείνη, ἐκεῖνο	저 남자/그 남자(남성), 그녀(여성), 그것(중성)		
αὐτός, αὐτή, αὐτό	스스로		
ὁ αὐτός, ἡ αὐτή, τὸ αὐτό	그 자신(남성), 그 자신(여성), 그 자신(중성)		

(단수)			(복수)			(단수)			(복수)		
ὁ	ἡ	τό	οἱ	αἱ	τά	ὅς	ἥ	ὅ	οἵ	αἵ	ἅ
τοῦ	τῆς	τοῦ	τῶν	τῶν	τῶν	οὗ	ἧς	οὗ	ὧν	ὧν	ὧν
τῷ	τῇ	τῷ	τοῖς	ταῖς	τοῖς	ᾧ	ᾗ	ᾧ	οἷς	αἷς	οἷς
τόν	τήν	τό	τούς	τάς	τά	ὅν	ἥν	ὅ	οὕς	ἅς	ἅ

ἄνθρωπος	ἀνθρώπου	ἀνθρώπῳ	ἄνθρωπον
ἄνθρωποι	ἀνθρώπων	ἀνθρώποις	ἀνθρώπους
ἡμέρα	ἡμέρας	ἡμέρᾳ	ἡμέραν
ἡμέραι	ἡμερῶν	ἡμέραις	ἡμέρας
μαθητής	μαθητοῦ	μαθητῇ	μαθητήν
μαθηταί	μαθητῶν	μαθηταῖς	μαθητάς
πνεῦμα	πνεύματος	πνεύματι	πνεῦμα
πνεύματα	πνευμάτων	πνεύμασιν	πνεύματα

(단수) (복수)

τίς	τίς	τί	τίνες	τίνες	τίνα
τίνος	τίνος	τίνος	τίνων	τίνων	τίνων
τίνι	τίνι	τίνι	τίσιν	τίσιν	τίσιν
τίνα	τίνα	τί	τίνας	τίνας	τίνα

ἐγώ	나	σύ	너	ἡμεῖς	우리	ὑμεῖς	너희
ἐμοῦ	나의	σοῦ	너의	ἡμῶν	우리의	ὑμῶν	너희의
ἐμοί	나에게	σοί	너에게	ἡμῖν	우리에게	ὑμῖν	너희에게
ἐμέ	나를	σέ	너를	ἡμᾶς	우리를	ὑμᾶς	너희를

τίς (남성. 여성) 누구? τί (중성) 1. 무엇? 2. 왜?

* 항상 강세(Akut)가 있다는 것에 유의해야 함.

τις (남성. 여성) 어느 한 사람(남성)/어느 한 사람(여성) τι 어느 한 것(중성)

ἀκούω	듣다	λαλέω	말하다
δίδωμι	주다	λαμβάνω	취하다, 받다
γινώσκω	알다/인식하다	λέγω	말하다
ἔχω	갖다	πιστεύω	믿다
θέλω	~ 할 것이다	ποιέω	행하다
ἀποκρίνομαι	대답하다	δύναμαι	~할 수 있다
γίνομαι	~이 되다	ἔρχομαι	가다, 오다

εἶδον 내가 봤다. ὁράω의 단순과거(Aor.) 부정사 = ἰδεῖν, 분사 = ἰδών

οἶδα 안다. 완료형과 현재형이 같고, 대과거형과 과거형이 같다. 부정사 = εἰδέναι

οἶδα	οἶδας	οἶδεν	οἴδαμεν	οἴδατε	οἴδασιν	분사 εἰδώς
ᾔδειν	ᾔδεις	ᾔδει	ᾔδειμεν	ᾔδειτε	ᾔδεισαν	접속사 εἰδῶ

ἀκούω	ἀκούσω/-σομαι	ἤκουσα	ἀκήκοα
	ἀκουσθήσομαι	ἠκούσθην	ἤκουσμαι
δίδωμι	δώσω	ἔδωκα	δέδωκα
	δοθήσομαι	ἐδόθην	δέδομαι

γινώσκω	γνώσομαι	ἔγνων	ἔγνωκα
	γνωσθήσομαι	ἐγνώσθην	ἔγνωσμαι
ἔχω	ἕξε	ἔσχον	ἔσχηκα
과거 εἶχον		부정사 σχεῖν	
θέλω	θελήσω	ἠθέλησα	ἠθέληκα
과거 ἤθελον			
λαμβάνω	λήμψομαι	ἔλαβον	εἴληφα
	ληφθήσομαι	ἐλήμφθην	εἴλημμαι
λέγω	ἐρῶ	εἶπον/εἶπα	εἴρηκα
	ῥηθήσομαι	ἐρρέθην	εἴρημαι
ποιέω	ποιήσω	ἐποίησα	πεποίηκα
	ποιηθήσομαι	ἐποιήθην	πεποίημαι
ἀποκρίνομαι	ἀποκριθήσομαι	ἀπεκρίθην/ἀπεκρινάμην	
γίνομαι	γενήσομαι	ἐγενόμην/	γέγονα/
		ἐγενήθην	γεγένημαι
δύναμαι	δυνήσομαι	ἠδυνήθην/ἠδυνάσθην	δεδύνημαι
ἔρχομαι	ἐλεύσομαι	ἦλθον/ἦλθα	ἐλήλυθα

εἶναι 부정사. 있다(Be동사) 분사. ὤν, οὖσα, ὄν

현재	과거	가정법	희구법	미래
εἰμί	ἤμην	ὦ	εἴην	ἔσομαι
εἶ	ἦσθα/ἦς	ᾖς	εἴης	ἔσῃ
ἐστίν	ἦν	ᾖ	εἴη	ἔσται
ἐσμέν	ἦμεν/ἤμεθα	ὦμεν	εἶμεν	ἐσόμεθα
ἐστέ	ἦτε	ἦτε	εἶτε	ἔσεσθε
εἰσίν	ἦσαν	ὦσιν	εἶεν	ἔσονται

πᾶς, πᾶσα, πᾶν	매, 각, 모든	πολύς, πολλή, πολύ	많은, 큰
εἷς, μία, ἕν	하나	οὐδείς, οὐδεμία, οὐδέν	아무도 … 없다

ἑαυτοῦ, ἑαυτῆς, ἑαυτοῦ 재귀대명사(스스로) (αὐτοῦ도 역시 같음)

(단수)			(복수)		
ὤν	οὖσα	ὄν	ὄντες	οὖσαι	ὄντα
ὄντος	οὔσης	ὄντος	ὄντων	οὐσῶν	ὄντων
ὄντι	οὔσῃ	ὄντι	οὖσιν	οὔσαις	οὖσιν
ὄντα	οὖσαν	ὄν	ὄντας	οὔσας	ὄντα

(단수)			(복수)		
πᾶς	πᾶσα	πᾶν	πάντες	πᾶσαι	πάντα
παντός	πάσης	παντός	πάντων	πασῶν	πάντων
παντί	πάσῃ	παντί	πᾶσιν	πάσαις	πᾶσιν
πάντα	πᾶσαν	πᾶν	πάντας	πάσας	πάντα

εἷς	μία	ἕν
ἑνός	μιᾶς	ἑνός
ἑνί	μιᾷ	ἑνί
ἕνα	μίαν	ἕν

ἀπό 2격 ~부터 | ἐν 3격 ~안에(장소)

ἐκ, ἐξ 2격 ~로부터(밖으로) | εἰς 4격 ~안으로 장소의 이동

διά 2격 ~을 통하여 | διά 4격 ~ 때문에

κατά 2격 1. 아래로, 2. 대항하여 | κατά 4격 ~에 적합한, ~에 따라서, ~에 의하여

μετά 2격 ~와 함께 | μετά 4격 (시간적으로) ~이후에

περί 2격 ~에 관하여 | περί 4격 주변에

ὑπό 2격 ~에 의하여 | ὑπό 4격 아래에

ἐπί 2격 위에; ἐπί 3격 위에; ἐπί 4격 마주보고, 대하여

πρός 2격 ~로부터, ~을 위하여 | πρός 3격 곁에; πρός 4격 ~로

ἀλλά 그러나 | δέ '그러나', 종종: '그리고'

καί 그리고, 역시 | τε 그리고, 그리고 그렇게(사도행전에 140번 등장)

γάρ 왜냐하면, 즉 | οὖν 그렇기 때문에, 이제

εἰ 만약 ~인지 아닌지

οὐ, οὐκ, οὐχ ~없다/아니다

ὅτι (접) 왜냐하면

ὡς ~처럼, 때: 시간

ἤ 또는 ~보다(비교급)

μή 접속사: 1. ~하지 않기 위하여

2. "두려움" 뒤에 오는 '절'

ἤ ... ἤ A...또는...B

καὶ ... καί, τε ... καί, τε ... τε A도 B도 모두

ἐάν 만약: 접속사와 함께

μή ~아니다

ἵνα ~을 위하여: 접속사와 함께

οὕτως 그래서, 그렇게

ἰδού 보라!

(단수)			(복수)		
οὗτος	αὕτη	τοῦτο	οὗτοι	αὗται	ταῦτα
τούτου	ταύτης	τούτου	τούτων	τούτων	τούτων
τούτῳ	ταύτῃ	τούτῳ	τούτοις	ταύταις	τούτοις
τοῦτον	ταύτην	τοῦτο	τούτους	ταύτας	ταῦτα

6. 100-200번 사이 등장하는 단어들

ἄγγελος	천사, 사자	νόμος	율법
δοῦλος	시종, 종	ὁδός ἡ	길
θάνατος	죽음	οἶκος	집
κόσμος	세계	ὀφθαλμός	눈
λαός	국민, 민중	ὄχλος	군중
νεκρός	시체		
ἀγάπη	사랑	ζωή	생명
ἀλήθεια	진리	καρδία	심장, 마음
ἁμαρτία	죄	προφήτης	예언자
βασιλεία	왕국	φωνή	목소리
δόξα	영광	ψυχή	영혼, 생명
ἐκκλησία	회의, 교회		
ὥρα	시간		
ἐξουσία	힘, 권세		

ἔργον τό	일, 행위 (복수. τὰ ἔργα)		
ἀγαθός, ή, όν	좋은	ἴδιος, ία, ιον	고유의
ἄλλος, η, ο	다른		
ὅσος, η, ον	얼마나 큰가, 얼마나 많은가		
ὅλος, η, ον	전체의, 완전한		
μέγας, μεγάλη, μέγα	큰, 2격: μεγάλου, μεγάλης, μεγάλου		
δύο (3격. δυσί)	두 개		
ὅστις, ἥτις, ὅτι	불확실 관계대명사(… 한 사람은 누구든지)		
ἀλλήλων (2격), -οις (3격), -ους (4격) 서로 상호 간			
αἰών, -ῶνος ὁ	시간		
ἀρχιερεύς, -έως ὁ	대제사장		
βασιλεύς, -έως ὁ	왕	δύναμις, -εως ἡ	힘
ἔθνος, -ους τό	국민	πόλις, -εως ἡ	도시
σάρξ, σαρκός ἡ	육신	σῶμα, -ματος τό	몸
χάρις, -ιτος ἡ	은사, 감사	χείρ, χειρός ἡ	손
ἀγαπόω	사랑하다		
δεῖ	~이 유용하다		
αἴρω	들어올리다		
ἐγείρω	깨우다		
ἀποθνῄσκω	죽다		
ἐσθίω	먹다		
ἀποστέλλω	보내다		
εὑρίσκω	발견하다		
ἀφίημι	떠나게 하다		
ζάω (부정사. ζῆν)	살다		
ζητέω	찾다		
ἵστημι	세우다		
βάλλω	던지다		
βλέπω	보다		
γράφω	쓰다		
καλέω	부르다, 명명하다		
κρίνω	판단하다		
μέλλω	해야 한다, 해야만 한다, 할 것이다		
μένω	머무르다		

ὁράω 보다, ὤφθην ~처럼 보인다
παραδίδωμι 넘겨주다, 위임하다
παρακαλέω 위로하다, 권면하다
πορεύομαι 가다, 여행하다
σῴζω 구원하다, 보호하다
τίθημι 앉히다, 세우다, 놓다
ἀνίστημι (타)세우다, 올려놓다, (자)일어서다

αἴρω	ἀρῶ ἀρθήσομαι	ἦρα ἤρθην	ἦρκα ἦρμαι
ἀποθνῄσκω	ἀποθανοῦμαι	ἀπέθανον	τέθνηκα
ἀποστέλλω	-στελῶ σταλήσομαι	-έστειλα -εστάλην	-έσταλκα -έσταλμαι
ἀφίημι	-ήσω -εθήσομαι	-ῆκα -έθην	εἷκα -έωμαι
βάλλω	βαλῶ βληθήσομαι	ἔβαλον/ἔβαλα ἐβλήθην	βέβληκα βέβλημαι
γράφω	γράψω γραφήσομαι	ἔγραψα ἐγράφην	γέγραφα γέγραμμαι
ἐγείρω ἐγείρομαι	ἐγερῶ ἐγερθήσομαι	ἤγειρα ἠγέρθην	- - ἐγήγερμαι
ἐσθίω	φάγομαι	ἔφαγον	βέβρωκα
εὑρίσκω	εὑρήσω εὑρεθήσομαι	εὗρον εὑρέθην	εὕρηκα ηὕρημαι
ζάω	ζήσω/ζήσομαι	ἔζησα	- -
ἵστημι/ἱστάνω	στήσω -σταθήσομαι	ἔστησα -εστάθην	ἕστακα (타) 세우다
ἵσταμαι	στήσομαι/ σταθήσομαι	ἔστην/ ἐστάθην	ἕστηκα (자) 등장하다
καλέω	καλέσω κληθήσομαι	ἐκάλεσα ἐκλήθην	κέκληκα κέκλημαι
ὁράω	ὄψομαι ὀφθήσομαι	εἶδον/εἶδα ὤφθην	ἑώρακα ἑώραμαι/ὦμμαι

πορεύομαι	πορεύσομαι	ἐπορεύθην	--
σῴζω	σώσω σωθήσομαι	ἔσωσα ἐσώθην	σέσωκα σέσῳσμαι
τίθημι	θήσω --	ἔθηκα ἐτέθην	τέθεικα τέθειμαι/κεῖμαι

σύν	3격 전치사 ~와 함께		
παρά	2격 전치사 ~로부터, ~의 편에서	παρά	3격 전치사 ~ 곁에
παρά	4격 전치사 ~곁에, ~에 대항하여, ~옆으로		
ὑπέρ	~을 위하여	ὑπέρ	4격 ~위로, ~밖으로
ἄν	화법사(해석 안함)	ἕως	(접속사) ~하는 동안/~까지 2격 전치사 ~까지
καθώς	~처럼	μέν	~이지만
νῦν	지금, 이제	ὅταν	접속사와 함께, ~할 때, 만약
ὅτε	~할 때, ~한 후에; 만약	οὐδέ	(부정) 그리고 아니다, 역시 아니다.
πάλιν	다시		
τότε	그때 당시, 그러고 나서	πῶς	(의문) 어떻게?

ἵστημι/ἵσταμαι의 혼합형과 일반형(타동사/자동사)			
ἀνίστημι	세우다	ἐφίσταμαι	다가오다, 접근하다
ἀνίσταμαι	일어서다	καθίστημι	세우다, 놓다, 설치하다
ἀνθίσταμαι	누구에 대항하여 일어서다	ἀποκαθίστημι	~부터 다시 세우다
ἀφίστημι	~을 떼어내다, 제거하다	μεθίστημι	변형시키다
ἀφίσταμαι	내가 멀리하다, 놓아보내다	παρίστημι	소개하다
ἐνέστηκα	존재한다/현존한다	παρίσταμαι	이쪽으로 가다
ἐξίστημι	혼돈하게 하다	προΐσταμαι	보살피다
ἐξίσταμαι	(놀라움이나 공포를 통해) 이성을 잃다	συνίστημι	추천하다, 함께 소개하다
현재. 타동사		단순과거. 자동사	
ἵστησιν	그(녀)가 그것을 세우다	ἔ-στη-σαν	그들이 등장했다
ἱστᾶσιν	그들이 세우다	στῆναι	(부정사) 등장하는 것
ἱστάναι	(부정사) 세우는 것	στάς	(분사) 등장하는 사람
ἱστάς, άντος	(분사) 세우는 사람	στά/στῆθι	(명령) 너를 소개하라!

단순과거. 타동사		현재완료. 자동사	
ἔ-στη-σα-ν	그들이 세웠다	ἑστηκέναι/ἑστάναι	(부정사) 세우는 것
στῆσαι	(부정사) 세우는 것	ἑστηκώς/ἑστώς	(분사) 세우는 사람
στήσας	(분사) 세우는 사람		

7. 75-99번 등장하는 단어들

ἀπόστολος	특사, 사도	καιρός	시간, (특정한) 때
ἄρτος	빵	τόπος	장소
εὐαγγέλιον	기쁜 소식, 복음	τέκνον	아이
σημεῖον	기사/기적		
δικαιοσύνη	의	κεφαλή	머리
εἰρήνη	기쁨	οἰκία	집
θάλασσα	바다, 호수		
καλός, ή, όν	좋은, 아름다운	πονηρός, ά, όν	나쁜
δίκαιος, α, ον	옳은	πρῶτος, η, ον	첫째로
αἷμα, -ατος τό	피	στόμα, -ατος τό	입
μήτηρ, μητρός	어머니	ὕδωρ, ὕδατος τό	물
πούς, ποδός ὁ	발		
ἀκολουθέω	뒤따라가다, 좇아가다	μαρτυρέω	증언하다, 입증하다
ἀναβαίνω	오르다, 올라가다	πέμπω	보내다
ἀνοίγω	열다	περιπατέω	돌아가다
ἀπ - όλλυμι	없애다, 파기하다	πίπτω	떨어지다
ἀπ - όλλυμαι	죽다	πληρόω	성취하다, 이루다
ἄρχω	지배하다, 시작하다	προσεύχομαι	기도하다
βαπτίζω	세례주다	ὑπ - άγω	가다, 떠나다
γεννάω	낳다	φοβέομαι	두려워하다
διδάσκω	가르치다. 1. τι와 함께(~을 가르치다), 2. μή와 함께 부문장을 이끔.		
κάθημαι	앉아 있다	καταβαίνω	내려가다
ἄγω	(66회) 이끌다, 가다	βαίνω	가다

• βαίνω의 변화형

βαίνω	βήσομαι	ἔβην	βέβηκα
ἀνοίγω	ἀνοίξω	ἀνέῳξα/ἠνέῳξα/ἤνοιξα ἀνεῴχθην/ἠνεῴθην ἠνοίχθην/ἠνοίγην	ἀνέῳγα ἀνέῳγμαι
ἀπ - όλλυμι	ἀπ - ολέσω	ἀπ - ώλεσα	ἀπ - ολώλεκα
ἀπ - όλλυμαι	ἀπ - ολοῦμαι	ἀπ - ωλόμην	ἀπ - όλωλα
ἄρχω	ἄρξω ἀρχθήσομαι	ἦρξα ἤρχθην	ἦρχα ἦργμαι
πίπτω	πεσοῦμαι	ἔπεσον/ἔπεσα	πέπτωκα
ἄγω	ἄξω ἀχθήσομαι	ἤγαγον/ἦξα ἤχθην	ἦχα ἦγμαι

δώδεκα	열둘(12)	κἀγώ(=καὶ ἐγώ)	그리고 내가, 나 역시
ἐνώπιον	2격과 함께, ~전에	μᾶλλον	더욱더(비교급)
ἕκαστος, η, ον	각각	μηδείς, μηδεμία, μηδέν	(어느) 누구도
ἐκεῖ	거기, 그곳	ὅπου	어디
ἐμός, ή, όν	나의	οὔτε	그리고 ~아니다(and not)
ἑπτά	일곱 (7)	ὥστε	그래서
ἕτερος, α, ον	다른	οὐ μή	(접속사와 함께) 확실히 아니다
ἔτι	계속, 여전히	οὔτε...οὔτε	~도 ~ 아니다

8. 50-74번 등장하는 단어들

διδάσκαλος	교사, 선생	λίθος	돌
θρόνος	왕위, 지배	χρόνος	시간
καρπός	열매		
δαιμόνιον	악마, 영	πλοῖον	배, 선박
ἱερόν	성전	πρόσωπον	얼굴
ἱμάτιον	옷	σάββατον	안식일, 주(Week)
παιδίον	아이, 소년		

ἀρχή	시작	παραβολή	비유
γλῶσσα	혀, 언어	σοφία	지혜
γραφή	글, 문자	συναγωγή	회당, 시나고게(Synagoge)
ἐντολή	율법, 계명	χαρά	기쁨
ἐπαγγελία	약속		
ἀγαπητός, ή, όν	사랑하는	μακάριος(ία, ον)	행복한, 복 있는
αἰώνιος, (ία), ον	영원	μέσος, η, ον	중간의, 가운데 있는
δεξιός, ά, όν	오른쪽의	πιστός, ή, όν	신뢰, 믿음
ἔσχατος, η, ον	마지막의	πρεσβύτερος, α, ον	장로
κακός, ή, όν	나쁜	τυφλός, ή, όν	장님
λοιπός, ή, όν	나머지		
τοιοῦτος, τοιαύτη, τοιοῦτο(ν)		그런 종류의	
γραμματεύς, έως ὁ	율법학자	ὄρος, ους τό	산
ἐλπίς, ίδος ἡ	희망	πῦρ, πυρός τό	불
θέλημα, ατος τό	의지	ῥῆμα, ατος τό	단어, 언어
νύξ, νυκτός ἡ	밤	φῶς, φωτός το	빛
πλείων	많은(남성과 여성)	πλεῖον/πλέον	더 많이(πολύς의 비교급)

πλείων	πλεῖον/πλέον	πλείονες/πλείους	πλείονα/πλείω
πλείονος πλείονι		πλειόνων πλείοσιν	
πλείονα/πλείω	πλεῖον/πλέον	πλείονας/πλείους	πλείονα/πλείω
βασιλεύς	βασιλέως	βασιλεῖ	βασιλέα
βασιλεῖς	βασιλέων	βασιλεῦσι	βασιλεῖς
ἔθνος	ἔθνους	ἔθνει	ἔθνος
ἔθνη	ἐθνῶν	ἔθνεσι	ἔθνη

αἰτέω	요청, 요구하다	κράζω	(Aor. ἔκραξα) 소리지르다
ἀποκτείνω	죽이다	πείθω	설득하다, 설복하다 (수) 순종하다
ἀπολύω	놓아주다	πέποιθα	신뢰하다
ἀσπάζομαι	인사하다	πέπεισμαι	설득되었다
δέχομαι	받아들이다, 취하다	πίνω	마시다

δοκέω	생각하다, ~처럼 보인다	προσκυνέω	예배하다, 경배하다
δοξάζω	찬양/존경하다	σπείρω	씨를 뿌리다
(ἐπ-)ἐρωτάω	묻다, 요청하다	τηρέω	보호하다, 지키다
εὐαγγελίζω/-ομαι	선포하다	ὑπάρχω	실재하다, 있다
θεωρέω	보다, 살펴보다	φέρω	가져오다, 나르다
κηρύσσω	선포하다	χαίρω	기뻐하다

φημί 내가 말하다, φησίν 그가 말하다, φασίν 그들이 말하다, ἔφη 그가 말했다

ἀποκτείνω	ἀποκτενῶ	ἀπέκτεινα ἀπεκτάνθην	ἀπέκτονα
δοκέω	δόξω	ἔδοξα	
ἐρωτάω	ἐρωτήσω /ἐρήσομαι	ἠρώτησα /ἠρόμην	ἠρώτηκα
πείθω	πείσω	ἔπεισα	
	πεισθήσομαι	ἐπείσθην	
πίνω	πίομαι	ἔπιον	πέπωκα
φέρω	οἴσω ἐνεχθήσομαι	ἤνεγκον/ἤνεγκα ἠνέχθην	ἐνήνοχα ἐνήνεγμαι
χαίρω	χαρήσομαι	ἐχάρην	

διό	그래서, 그렇기 때문에	μόνον	단지, 홀로
εἴτε - εἴτε	~하든지 아니하든지	ὅπως	(부) 처럼/마치; 접속사와 '~위하여'
ἔξω	밖에, 밖에서	οὐχί	아니다
εὐθύς, -εῖα, -ύ	(형) 똑바로, 직선으로	πρῶτον	먼저
εὐθύς	(형) 바로, 당장	τρεῖς, ~, τρία	셋(3)
ἤδη	이미, 지금	ὧδε	여기에
μηδέ	그리고/역시 아니다		

(단수) (복수)

εὐθύς	εὐθεῖα	εὐθύ	εὐθεῖς	εὐθεῖαι	εὐθέα
εὐθέος	εὐθείας	εὐθέος	εὐθέων	εὐθειῶν	εὐθέων
εὐθεῖ	εὐθείᾳ	εὐθεῖ	εὐθέσιν	εὐθείαις	εὐθέσιν
εὐθύν	εὐθεῖαν	εὐθύ	εὐθεῖς	εὐθείας	εὐθέα

9. 40-49번 등장하는 단어들

ἁμαρτωλός	죄인	ναός	성전
φόβος	두려움, 공포	θηρίον	동물
γενεά	성(性)	τιμή	존경, 영예
σωτηρία	구원	φυλακή	감시, 감옥
χρεία	결핍, 부족		
ἄξιος, ία, ον	가치 있는	ὀλίγος, η, ον	적은, 약소한
δεύτερος, α, ον	두 번째	ὅμοιος, οία, ον	비슷한
ἔρημος, ~, ον	광야, 사막	σεαυτοῦ, ῆς	너의(2격)
ἱκανός, ή, όν	충분한, 유능한	τέσσαρες, ~, α	넷(4)
καινός, ή, όν	새로운	τρίτος, η, ον	세 번째
μόνος, η, ον	홀로		
ἀνάστασις, -εως ἡ	부활	μέρος, -ους τό	부분
ἔτος, -ους τό	해, 년	σπέρμα, -ατος τό	씨앗
θλῖψις, -εως ἡ	곤경, 어려운 상황	τέλος, -ους τό	끝, 마지막
κρίσις, -εως ἡ	심판, 판결		(부사로서는 "마침내")
μείζων, ~, μεῖζον(Gen. μείζονος) 더 큰 (μέγας의 비교급)			
ἁμαρτάνω	실수, 죄를 범하다	καθίζω	앉다(Aor. 역시: 앉다)
ἀποδίδωμι	주다, 지불하다	κατοικέω	살다, 거주하다
δέω	묶다	κρατέω	장악, 점령하다
διώκω	추적하다	λογίζομαι	계산하다, 숙고하다
ἐγγίζω	접근하다	λύω	풀다
ἐπιγινώσκω	인식하다	οἰκοδομέω	짓다
ἐργάζομαι	일하다	παραλαμβάνω	인수하다, 넘겨받다
ἑτοιμάζω	준비하다	παριστάνω	준비해주다, 공급하다 (타) 접근하다, 다가오다
εὐλογέω	찬양, 축복하다	σταυρόω	십자가에 못박다
θαυμάζω	놀라다	φανερόω	명백한
θεραπεύω	섬기다, 고치다	φωνέω	부르다
πάσχω	인내하다, 견디다: πείσομαι - ἔπαθον - πέπονθα		

ἁμαρτάνω	ἁμαρτήσω	ἥμαρτον/ἡμάρτησα	ἡμάρτηκα
καθίζω	καθίσω	ἐκάθισα	κεκάθικα

ἄρα	왜냐하면	πάντοτε	항상, 여전히
ἄχρι	까지	ποῦ	어디?, 어디로?
ἔμπροσθεν	앞에, 전에	σήμερον	오늘
οὐαί	화있을지어다!	πρό	2격 ~앞에
οὐκέτι	더는 ~가 아니다	χωρίς	2격 ~ 없이

10. 30-39번 등장하는 단어들

ἀγρός	밭	ἥλιος	태양
ἄνεμος	바람	οἶνος	포도주
διάβολος	악마, 속이는 자		
ἀρνίον	양	ποτήριον	잔(盞), 마시는 그릇
βιβλίον	책	πρόβατον	양
μνημεῖον	무덤		
διαθήκη	계약, 약속	ὀργή	분노
διακονία	종	παρρησία	계시, 드러냄
διδαχή	교훈	περιτομή	할례
ἐπιθυμία	열정	προσευχή	기도
θύρα	문(門)	ὑπομονή	인내
μαρτυρία	증거	φυλή	지파, 뿌리
ἄρχων, -οντος ὁ	지배자	οὖς, ὠτός τό	귀
ἱερεύς, -έως ὁ	제사장	πλῆθος, -ους τό	무리, 민족
μάρτυς, -τυρος ὁ	증인	σκότος, -ους τό	어둠, 흑암
μέλος, -ους τό	지체, 부분	συνείδησις, -εως ἡ	양심
ἀκάθαρτος, ον	불결한	μικρός, ά, όν	작은
ἅπας, ἅπασα, ἅπαν	각각, 전체; 복수. 모두	ποῖος, α, ον	무슨, 어떤
δυνατός, ή, όν	강한, (중성) 능력 있는	πτωχός, ή, όν	가난한
ἐχθρός, ά, όν	적대적인, 적	ἐμαυτοῦ, ῆς	나의(소유격)
ἀγοράζω	사다	ἐπιστρέφω	돌이키다, (타) 돌아서게 하다

ἀναγινώσκω	읽다	εὐχαριστέω	고마워하다
ἅπτομαι	건드리다	καθαρίζω	정화하다
ἀρνέομαι	거짓말하다, 속이다	καυχάομαι	자랑하다, 뽐내다
ἀσθενέω	약하다, 병들다	κλαίω	(Aor. ἔκλαυσα) 울다
βλασφημέω	모욕하다, 명예를 훼손하다	μετανοέω	회개하다, 돌이키다
βούλομαι	~할 것이다(의지)	μισέω	미워하다
δείκνυμι	보여주다, 드러내다	ὀφείλω	나의 책임이다: 빚지다, 해야만 한다
διακονέω	섬기다	παραγγέλλω	명령하다
δικαιόω	공의를 행하다, 옳게 여기다	παραγίνομαι	도착하다
ἐλεέω	불쌍히 여기다	πειράζω	시도하다
ἐλπίζω	희망하다	περισσεύω	남다, 풍성하다
ἔξεστιν	~이 허락되다	πλανάω	길을 잃다, 길을 잃게 하다
ἐπικαλέω	명하다, 부르다	πράσσω	행하다
ὑποστρέφω	되돌아오다	φαίνω	(자동사와 중간태) ~처럼 보이다
ὑποτάσσω	복종시키다	φυλάσσω	파수하다, 지키다

βούλομαι	βουλήσομαι	ἐβουλήθην	
πράσσω	πράξω πραχθήσομαι	ἔπραξα ἐπράχθην	πέπραχα πέπραγμαι
δείκνυμι	δείξω δειχθήσομαι	ἔδειξα ἐδείχθην	δέδειχα δέδειγμαι
τάσσω	τάξω ταγήσομαι	ἔταξα ἐτάχθην (att.) ἐτάγην (Koine)	τέταχα τέταγμαι
φαίνω φαίνομαι	φανῶ φανήσομαι	ἔφανα ἐφάνην	 πέφηνα

ἄρτι	지금, 바로	ναί	네(긍정의 대답)
γε	적어도, 더욱이	ὁμοίως	같은 성질의, 비슷한
ἐγγύς	가까운	ὀπίσω	뒤로, 뒤에
εὐθέως	바로, 곧	πέντε	(숫자) 다섯
καλῶς	좋은	πλήν	그러나, (전치사) 그 밖에
μήτε	그리고 ~ 아니다	ὥσπερ	마치~처럼, 같이
μήτε - μήτε	~도, ~도 아니다		

11. 25-29번 등장하는 단어들

διάκονος	섬기는 자, 시종	σταυρός	십자가
μισθός	임금		
δένδρον	나무	μυστήριον	비밀
ἀδελφή	자매	μάχαιρα	칼, 검
ἀδικία	불의	νεφέλη	구름
ἑορτή	축제	πορνεία	음란, 간음
θυσία	희생	χήρα	과부
κώμη	마을	χώρα	땅, 대지
ἀληθινός, ή, όν	진실한	πνευματικός, ή, όν	영적인
ἰσχυρός, ά, όν	강한	σός, σή, σόν	너의
καθαρός, ά, όν	순수한	φίλος, η, ον	우정의, 친구
πλούσιος, ία, ον	풍요로운		
γνῶσις, -εως ἡ	지식	κρίμα, -ατος τό	심판
ἔλεος, -ους τό	동정	παράκλησις, -εως ἡ	권고, 위로
θυγάτηρ, -τρός	딸	στρατιώτης, -ου ὁ	군인
ἀληθής, ές	진실	ἀσθενής, ές	약한, 병든

<table>
<tr><td>ἀληθής</td><td>ἀληθές</td><td>ἀληθεῖς</td><td>ἀληθῆ</td></tr>
<tr><td colspan="2">ἀληθοῦς
ἀληθεῖ</td><td colspan="2">ἀληθῶν
ἀληθέσι</td></tr>
<tr><td>ἀληθῆ</td><td>ἀληθές</td><td>ἀληθεῖς</td><td>ἀληθῆ</td></tr>
</table>

ἁγιάζω	거룩한	κελεύω	명령하다
ἀδικέω	불의를 행하다	λυπέω	슬퍼하다/슬프게 하다(타)
ἀποκαλύπτω	계시하다	μανθάνω	배우다/경험하다
βαστάζω	운반하다, 들어올리다	νικάω	이기다/승리를 거두다
γαμέω	결혼하다	ὄμνυμι/ὀμνύω	맹세하다/약속하다
γνωρίζω	알게 하다	ὁμολογέω	고백/자백하다
δουλεύω	섬기다	πίμπλημι	가득 채우다
ἐνδύω	입다, 입히다	προσκαλέομαι	부르다/소환하다
ἐπιτιμάω	꾸짖다	σκανδαλίζω	화나게 하다 죄로 잘못 이끌다
ἡγέομαι	이끌다, 생각하다, 간주하다	συνίημι	이해하다
ἥκω	오다, 있다	τελέω	마치다/성취하다
ἰάομαι	고치다, 낫게 하다	φεύγω	피하다/숨다
ἰσχύω	강하다	φιλέω	사랑하다
καταργέω	힘을 빼다, 무력하게 하다	φρονέω	생각하다
ἀναβλέπω	위를 쳐다보다, 다시 보다	παρέρχομαι	지나가다(공간)

μανθάνω	μαθήσομαι	ἔμαθον	μεμάθηκα
ὄμνυμι/ὀμνύω	ὀμοῦμαι	ὤμοσα	ὀμώμοκα
πίμπλημι	πλήσω πλησθήσομαι	ἔπλησα ἐπλήσθην	πέπληκα πέπλησμαι
φεύγω	φεύξομαι	ἔφυγον	πέφευγα

δέκα	열(10)	μήποτε	결코 아니다
ἐκεῖθεν	거기로부터	οὔπω	아직 아니다
ἕνεκεν	2격 ~때문에	πόθεν	어디로부터?
ἐπεί	이후에, 왜냐하면	πόσος, η, ον	얼마나 크게? 얼마나 많이?
ἴδε	보라!	ποτε	(언젠가) 한번, (과거에) 한번

12. 20-24번 등장하는 단어들

πειρασμός	시험, 유혹	χιλίαρχος	지휘관, 사령관
πλοῦτος	부(富)		
ἀργύριον	은, 돈	μαρτύριον	증거
ζῷον	생물	ξύλον	나무
θυσιαστήριον	제단	συνέδριον	산헤드린, 최고회의
αἰτία	원인, 책임	κοιλία	모태, 자궁, 배, 복부
ἀκοή	듣다, 귀, 설교	μετάνοια	참회, 회개
ἀκροβυστία	할례받지 않음, 포피	παρουσία	현존, 도착, 오심, 재림
ἀσθένεια	병, 약함	πληγή	구타, 때림
διδασκαλία	수업, 가르침	σκηνή	텐트, 천막
ἐπιστολή	편지		
ἄπιστος, ον	믿음이 없는	λευκός, ή, όν	흰
ἐκλεκτός, ή, όν	선택받은	νέος, α, ον	새로운, 젊은
ἐλεύθερος, α, ον	자유의	σοφός, ή, όν	지혜로운
κἀκεῖνος, η, ον	그리고 저 사람		
ἀμπελών, ῶνος ὁ	포도원	ἰχθύς, ύος ὁ	물고기
ἀστήρ, έρος ὁ	별	νοῦς, νοός ὁ	이성, 이해
βάπτισμα, ατος τό	세례	παῖς, παιδός ὁ	아이, 종
γένος, ους τό	성, 성별, 세대	σκεῦος, ους τό	도구, 그릇, 물건
γονεῖς, έων οἱ	부모	σωτήρ, ῆρος ὁ	구원자
εἰκών, όνος ἡ	그림	τελώνης, ου ὁ	세리
ἑκατοντάρχης, ου ὁ	백부장	ὑπηρέτης, ου ὁ	하인, 사환, 조수
ἐπίγνωσις, εως ἡ	지식, 앎	χιλιάς άδος ἡ	(숫자) 천(1000)
ἡγεμών, όνος ὁ	제후, 군주, 총독		
ἀγνοέω	알지 못하다	θεάομαι	찾아보다, 보다
ἀναιρέω	빼앗다, 죽이다	θερίζω	거두다, 추수하다
βασιλεύω	왕이다	καθεύδω	잠자다
αὐξάνω	자라게 하다, 증가시키다	καθίστημι	끼우다, 삽입하다
δέομαι(τινός)	~을 제공하다	καταλείπω	버리고 가다, 남겨두다
δοκιμάζω	시험하다	κατεργάζομαι	성취, 완수하다
ἐκλέγομαι	선택하다	κατηγορέω	고소/고발하다

ἐνεργέω	역사/활동/작용하다	κεῖμαι	눕다, 눕다
ἐπιλαμβάνομαι	포획/붙잡다	κοπιάω	피곤하다, 열심히 일하다
εὐδοκέω	기뻐/행복해 하다	κωλύω	방해하다
ἐφίσταμαι	가까이/접근하다	λατρεύω	섬기다, 예배하다
γρηγορέω	성장하다	μιμνῄσκομαί	(2격과 함께) 누구를 기억하다
μνημονεύω	기억하다	προσέχω	조심하다, 주의하다
νηστεύω	금식하다	πωλέω	팔다
πάρειμι	거기에 (함께) 있다	στρέφω	돌이키다, 방향을 바꾸다
πεινάω	배고프다	τελειόω	마치다, 완성하다
περιβάλλω	주위에 놓다, 옷을 입다	τιμάω	경외하다, 존경하다
αἱρέω	취하다, 선택하다	ὑπακούω	순종하다, 따르다
προάγω	먼저 가다	ὑψόω	높이다, 올리다
ἀνάγω	위로 인도하다, (중간태) (배가)출항하다		
χαρίζομαι	값없이 주다, 선물하다		

αἱρέω	αἱρήσω/ἑλῶ αἱρεθήσομαι	εἷλον/εἷλα ᾑρέθην	ᾕρηκα ᾕρημαι
δέομαι	δεήσομαι	ἐδεήθην	δεδέημαι
αὐξάνω	αὐξήσω αὐξήσομαι	ηὔξησα ηὐξήθην	ηὔξηκα ηὔξημαι
λείπω	λείψω λειφθήσομαι	ἔλιπον/ἔλειψα ἐλείφθην	λέλοιπα λέλειμμαι
μιμνῄσκομαι	μνησθήσομαι	ἐμνήσθην	μέμνημαι
στρέφω	στρέψω στραφήσομαι	ἔστρεψα ἐστράφην	ἔστροφα ἔστραμμαι

ἀντί	(2격과 함께) 대신에	πέραν	저편, 건너편
διότι	왜냐하면, 그래서	τεσσεράκοντα	사십(40)
μηκέτι	더는 ~아니다		
ὡσεί	~와 같이, (수를 셀 때) 대략		
οὗ	어디		

13. 15-19번 등장하는 단어들

ἀριθμός 수(數)
γάμος 결혼
γεωργός 농부
δέσμιος 수감자, 죄인
δεσμός 감금, 속박
ζῆλος 열심, 열정
θεμέλιος 기본, 기초
θησαυρός 보물
παρθένος ἡ 처녀
δεῖπνον 만찬, 잔치
δηνάριον 데나리온
ἀνάγκη 강요, 위기(상황)
ἀπώλεια 파괴, 멸망
βλασφημία 비방, 모략
εὐλογία 칭찬, 축복
εὐσέβεια 경건
εὐχαριστία 감사
κοινωνία 교제
λύπη 비애, 슬픔
οἰκοδομή 건설, 덕을 세우기
γνωστός, ή, όν 알려진
γυμνός, ή, όν 벌거벗은
ἐπουράνιος, ιον 하늘의
ἕτοιμος, η, ον 이미
κενός, ή, όν 빈, 공허한
κρυπτός, ή, όν 감추인, 비밀의

θυμός 진노, 분노
ἵππος 말
κληρονόμος 상속자
κόπος 수고
νυμφίος 신랑
πόλεμος 전쟁
ποταμός 강
στέφανος 면류관
χόρτος 풀, 잔디
δῶρον 선물
σκάνδαλον 덫, 올무, 유혹
οἰκουμένη 세상, 전세계
πέτρα 반석
προφητεία 예언
ῥίζα 뿌리
σκοτία 어둠
συκῆ 무화과나무
τράπεζα 책상, 상
τροφή 음식
ὑπακοή 순종
παλαιός, ά, όν 늙은
περισσότερος, α, ον 더 큰, 더 많은
τέλειος, α, ον 완전한
φανερός, ά, όν 보이는, 알려진
χρυσοῦς, ῆ, οῦν 금으로 만들어진

τοσοῦτος, τοσαύτη, τοσοῦτο(ν) 그렇게 크게, 그렇게 많이

ἀποκάλυψις, -εως ἡ 계시
ἄφεσις, -εως ἡ 해방, 용서, 탕감
βρῶμα, -ατος τό 음식, 요리
δέησις, -εως ἡ 요청, 부탁

κτίσις, -εως ἡ 창조
λῃστής, -οῦ ὁ 강도
μήν, μηνός ὁ 월(月), 달
πάθημα, -ατος τό 고난, 불행

ἐργάτης, -ου ὁ	노동자	παράπτωμα, -ατος τό	잘못, 범죄
θρίξ, τριχός ἡ	털, 머리털	πλήρωμα, -ατος τό	성취, 완성
κλέπτης, -ου ὁ	도둑	ποιμήν, ένος ὁ	목자
κριτής, -οῦ ὁ	판사, 재판관	πυλών, -ῶνος ὁ	문
σφραγίς, -ῖδος ἡ	봉인	ὑποκριτής, -οῦ ὁ	위선자
τέρας, -ατος τό	기적	χάρισμα, -ατος τό	은사
κρεί(ττ/σσ)ων (남. 여)	κρεῖ(ττ/σσ)ον (중) 소유	κρεί(ττ/σσ)ονος	더 훌륭한, 더 탁월한 더 좋은
πλήρης, ~, πλῆρες	(불변화) 충만한, 가득 찬		
ἀθετέω	무효라고/거절하다	κοιμάομαι	자다, 잠들다
ἀνακρίνω	시험/질문하다	κρύπτω	숨기다, 비밀로 하다
ἀνέχομαι	견디다, 참다	κτίζω	만들다, 창조하다
ἀπέχω(τινός)	멀리하다, 끊다	μεριμνάω	염려하다
ἀρέσκω(Aor. ἤρεσα)	기쁘게 하다	νίπτω	씻다
γεύομαι	즐기다	νομίζω	생각하다, 추측하다
δέρω	때리다	ξηραίνω	말리다
διακρίνω	분리하다	ὁμοιόω	비슷하게 만들다, 비교하다
διαλογίζομαι	검토/숙고하다	παρατίθημι	제시하다, 앞에 놓다
διαμαρτύρομαι	맹세, 경고, 증언하다	παρέχω	제공/승낙하다
διατάσσω	명령하다	παύω	마치다
διψάω	목이 마르다	περιτέμνω(Aor. έτεμον)	자르다
ἐκτείνω	(손을) 내밀다, 뻗치다	ποτίζω	마시게 하다, 마실 것을 주다
ἐλέγχω	공개하다, 책잡다	προσδοκάω	기대하다
ἐμβαίνω	타다	ῥύομαι	구원하다
ἐξίστημι	엉클어지게 하다	σαλεύω	흔들다
ἐπαγγέλλομαι	약속/맹세하다	σφραγίζω	봉인하다, 인을 치다
ἐπαίρω	들어올리다, 자랑하다	ταράσσω	당황하다
ἐπιθυμέω	욕망을 갖다, 요구하다	τίκτω(Aor. ἔτεκον)	낳다
ἐπιμένω	머물다	τολμάω	담대하다
ἐπιτρέπω	허락하다	τρέχω(Aor. ἔδραμον)	달리다
κατακρίνω	심판/평가하다	ὑπομένω	견디다, 고수하다

κατέχω	만류하다, 말리다	ὑστερέω τινός	부족하다, 결핍하다
κερδαίνω	얻다	χορτάζω	배부르게 먹다
κλείω	잠그다	ὠφελέω	이용하다
κληρονομέω	상속받다	ἐκχέω	붓다, 쏟다
ἀληθῶς	진정으로	μικρόν	약간
ἐπάνω	그 위로, 좀 더	νυνί	=νῦν (p. 8) 지금
ἑκατόν	백(100)	παραχρῆμα	바로
ἐπαύριον	이튿날	πλησίον	가까이; ὁ πλησίον 이웃
ἔπειτα	그 다음에, 그러고 나서	πολλάκις	종종, 자주
καθάπερ	…처럼, …같이	πότε	언제?
κακῶς	(부) 나쁘게, 악하게	ὅθεν	어디로부터, 나온 곳에
κἄν(=καί ἐάν)	그리고 만일, ~일지라도	οὐδέποτε	결코
μέχρι	까지	ταχύ	빨리
μήτι	그렇지 않은가?	ὡσαύτως	그와 같이

14. 13-14번 등장하는 단어들

διαλογισμός	사상, 생각	σεισμός	지진
ἐνιαυτός	년, 해	σῖτος	알곡, 밀, 곡식
θερισμός	추수, 수확	τρόπος	방식
καπνός	연기	τύπος	모형, 형태, 형식
λύχνος	등불	συνεργός	동역자
μέτρον	되, 분량	πετεινόν	새
μύρον	기름, 향유	χρυσίον	금
ἄκανθαι αἱ	엉겅퀴	κληρονομία	유산, 소유
ἀναστροφή	행동, 거동, 거실	μακροθυμία	인내
ἀνομία	혼동, 무법 상태	ὀψία	밤
ἐλεημοσύνη	자선	παιδίσκη	하녀
ζύμη	곰팡이, 효모		
ἀγγότριος, ία, ιον	낯선	ξένος, η, ον	낯선
ἀμφότεροι, αι, α	둘 다	οἷος, οἷα, οἷον	어떤 종류의, 어떤 상태의
ἕκτος, η, ον	여섯 번째	τίμιος, ία, ιον	비싼, 값나가는

ἐλάχιστος, η, ον	가장 작은	ὕψιστος, η, ον	가장 높은
κοινός, ή, όν	공동의	φρόνιμος, ~, ον	현명한, 슬기로운
κωφός, ή, όν	벙어리, 귀머거리	χωλός, ή, όν	마비된
νήπιος, ία, ιον	미성숙한		
γράμμα, -ατος τό	문자, 문서	ὄφις, -εως ὁ	밤
δράκων, -οντος ὁ	용	παράδοσις, -εως ἡ	전통, 관습
ἀναγγέλλω	보고하다	ἐπίσταμαι	이해하다, 알다
ἀνάκειμαι	앉다 (식탁에)	ἐπιζητέω	찾아다니다, 추구하다
ἀναλαμβάνω	들어올리다	εὐφραίνω	기쁘게 하다
ἀναχωρέω	가버리다	θύω	희생제물(번제)을 드리다
ἀνθίσταμαι	맞서다, 저항하다	καταισχύνω	부끄럽게 하다
ἀπειθέω	불순종하다	καταλαμβάνω	붙잡다, 움켜쥐다
ἁρπάζω	약탈하다	κατανοέω	깨닫다, 인지하다
ἀτενίζω	긴장하여 주목하다	καταντάω	성공하다, ~에 이르다
ἀφίστημι	떠나다	καταρτίζω	정돈하다
δαιμονίζομαι	귀신들리다	κλάω	깨드리다, 부수다
διαλέγομαι	대화/토론하다	κλέπτω	도둑질하다
διαφέρω *intr.*	구별되다, 다르다	κοινόω	공동으로 하다, 신성모독하다
ἐκπλήσσω(Aor. -επλάγην)	놀라게 하다	μερίζω	나누다, 분배하다
ἐμπαίζω	희롱하다	μοιχεύω	간음하다
ἐντέλλομαι	위임하다	νοέω	인식하다, 이해하다
ἐξαποστέλλω	떠나보내다	παιδεύω	교육하다, 이끌다
προσδέχομαι	받아들이다, 기대하다	τύπτω	때리다
στηρίζω	고정/굳게 하다	χωρίζω	구분/갈라놓다; (수) 멀리하다
ταπεινόω	낮게 만들다, 낮추다		
ἀνά	4격, 사이, 각각, 가우데	ἕξ	여섯(6)
ἄνωθεν	위로부터, 다시	ἔξωθεν	밖으로부터
ἅπαξ	(부) 한번	μάκροθεν	앞으로부터
αὔριον	내일	πρίν	전에, 앞서서
εἶτα	그 이후에, 그렇다면	πως	어떻게든

15. 11-12번 등장하는 단어들

ἀσκός	(가죽)부대	λιμός	굶주림, 기근
δόλος	속임, 흉계	νεανίσκος	젊은이
ἔπαινος	칭찬, 인정	νόσος ἡ	병
κάλαμος	갈대	πῶλος	새끼나귀, 망아지
κλάδος	나뭇가지	ῥάβδος ἡ	지팡이
κλῆρος	제비(뽑기)	χοῖρος	돼지
κράβατος	침대		
δίκτυον	그물	ὅριον	복수로만: 경계
εἴδωλον	우상	σπλάγχνα τά	동정
ἔλαιον	기름		
ἀγορά	광장	ἐλευθερία	자유
ἀπιστία	불신	καταβολή	시초, 기반
αὐλή	(안)마당	λυχνία	촛대, 등경
βουλή	뜻, 의지	λίμνη	호수
βροντή	천둥	πηγή	근원, 시작
γέεννα	지옥	πόρνη	창녀
διάνοια	이해, 생각	σπουδή	시기
δωρεά	선물	φιάλη	(제물의 피를 받는) 그릇
ἐλαία	올리브나무	κακία	악덕, 악습
ἄδικος, ον	불의한	μωρός, ά, όν	어리석은, 미련한
ἀρχαῖος, αία, αῖον	늙은		
ἀλέκτωρ, ορος ὁ	수탉	καύχησις, εως ἡ	자랑
ἅλυσις, εως ἡ	사슬	κέρας, ατος τό	뿔
βαπτιστής, οῦ ὁ	세례	κλῆσις, εως ἡ	직업(부름, 소명)
βῆμα, ατος τό	재판석, 법정	κράτος, ους τό	힘
βρῶσις, εως ἡ	음식	ὀδούς, ὀδόντος ὁ	치아, 이빨
γόνυ, ατος τό	무릎	οἰκοδεσπότης, ου ὁ	집주인
ἔθος, ους τό	도덕	ὅραμα, ατος τό	환상, 꿈
καύχημα, ατος τό	자랑, 긍지	πρᾶγμα, ατος τό	사건, 과제
πραΰτης, ητος ἡ	부드러운	φύσις, εως ἡ	자연
πρόθεσις, εως ἡ	계획, 결의	χιτών, ῶνος ὁ	옷

σάλπιγξ, γγος ἡ	트럼펫(소리)		
ἄφρων, ~, ον(-ονος)	몰지각한	χείρων, ~, ον(-ονος)	더 나쁜
ὑγιής, ~, ές(-οῦς)	건강한		
ἀγαλλιάω	기뻐하다	παραιτέομαι	요구/간청하다
ἀναπαύω	쉬게 하다	πιάζω	잡다
ἀπαρνέομαι	부인하다	πληθύνω	증가하다
βασανίζω	괴롭히다, 시달리다	πλουτέω	충분하다, 부요하다
βοάω	부르다	ποιμαίνω	목양하다, 먹이다
γέμω	~으로 가득하다	πυνθάνομαι	묻다, 조회하다 (Aor. ἐπυθόμην)
ἐάω (εἰ)	허락/시키다, 버리다	σαλπίζω	나팔을 불다
ἐκχύνομαι	부어주다, 부음받다	σπλαγχνίξομαι	가엾게 여기다
ἐξουθενέω	멸시하다	σπουδάζω	서두르다
ἐπισκέπτομαι	방문하다	σχίζω	갈라놓다, 분열하다
ζηλόω	노력하다, 열심이다	τελευτάω	마치다, 죽다
ζῳοποιέω	살리다	τυγχάνω (τινός)	도달하다(Aor. ἔτυχον)
θανατόω	죽이다	ὑγιαίνω	건강하다
θάπτω	(Aor. Pass. ἐτάφην) (무덤에) 묻다	φονεύω	살인하다, 죽이다
καίω (κατα-)	(불에) 태우다, 켜다	φυτεύω	나무를 심다
κατασκευάζω	준비하다	φωτίζω	(환하게) 비치다
κολλάομαι	달라붙다, 묻다	ψεύδομαι	거짓말하다
κομίζω	가지고 오다	χράομαι (τινι)	이용하다
μετρέω	재다	ἐπιπίπτω	덮치다, 엄습하다
ἀναπίπτω	뒤에 기대다	μεταβαίνω	이사하다, 저쪽으로 가다
διαμερίζω	나누어 가지다	προσλαμβάνομαι	옆으로 데리고 가다
ἐνδείκνυμι	제시하다, 증명하다	συνέχω	막다, 지키다, 감금하다
δεῦτε	자, 이리로 오라	πρωΐ	(새벽) 미명, 일찍
εἴκοσι	이십(20)	σφόδρα	매우, 격렬하게
ἔσωθεν	안에는	τριάκοντα	삼십(30)
λίαν	아주, 매우, 몹시	τρίς	세 번
μάλιστα	특별히, 가장	ὑποκάτω	아래에
ὁμοθυμαδόν	일치하게, 합의의	ὕστερον	늦은

περισσοτέρως	많이, 특별히	ὑψηλός, ή, όν	높은
πρότερος, α, ον	이전에	χίλιοι, αι, α	천(1000)

2격에서 전이되는 전치사					
ἐνέπιον	93×앞에	πέραν	15×건너편에	ἀπέναντι	4×맞은편에
ἕως	86×까지	ἐκτός	14×밖에	πλήν	4×밖에
ἄχρι	48×까지	κατέναντι	9×맞은편에	ἄνευ	3×없이
ἔμπροσθεν	48×앞에	μεταξύ	9×사이에	ἔναντι	2×맞은편에
ἕνεκα	26×때문에	ἐγγύς	7×가까이	ἄτερ	2×없이
ἐπάνω	18×맨 위에	ὄπισθεν	7×뒤에	ἀντικρύς	1×맞은편에
μέχρι	18×까지	ἐναντίον	5×앞에	πλησίον	1×곁에 가까이
χωρίς	40×없이	ὀπίσω	26×뒤에서	κατενώπιον	3×앞에

16. 10번 등장하는 단어들

ἁγιασμός	거룩함	οἰκονόμος	청지기, 관리자
ᾅδης	지하세계, 연옥	ὅρκος	맹세
ἀσπασμός	인사	πόρνος	간음하는 자
βίβλος ἡ	책	στρατηγός	치안관, 집정관
διωγμός	박해	σύνδουλος	같은 종, 동료
κοινωνός	참여자, 동료		
δάκρυον	눈물	χωρίον	땅, 토지
ἀκαθαρσία	불결	περιστερά	비둘기
ἀνατολή	떠오름, 오르막길	πλάνη	속임수
ἀσέλγεια	방탕	πλεονεξία	탐욕, 욕심
παρεμβολή	진, 진영	πύλη	문
ἀδύνατος, ον	불가능한, 무능력한	παραλυτικός, ή, όν	중풍병 환자
ἔνατος, η, ον	아홉째	ποικίλος, η, ον	여러가지의
ἔνοχος, ον	옥살이하는, 죄 있는	τέταρτος, η, ον	네 번째
κλητός, ή, όν	부름받은, 초대받은	ὑμέτερος, α, ον	너희의
ἀπολύτρωσις, -εως ἡ	해방, 구원	παντοκράτωρ, -ορος ὁ	전능한, 전능자
δεσπότης, -ου ὁ	통치자, 지배자	ὑπόδημα, -ατος τό	신발

δικαίωμα, -ατος τό	규례, 계명	χρηστότης, -ητος ἡ	선함, 친절
ἰσχύς, -ύος ἡ	힘, 강함	ψεῦδος, -ους τό	거짓
μνῆμα, -ατος τό	무덤	ψεύστης, -ου ὁ	거짓말하는 자
ἀπολογέομαι	대답/변호하다	ξενίζω	묵고 있다, 숙박시키다
ἀφαιρέω	떼어버리다, 잘라버리다	παράγω	지나가다, 사라지다
ἀφορίζω	구별하다	πατάσσω	때리다
ἐγκαταλείπω	남겨두다	πενθέω	슬퍼/통곡하다
ἐκκόπτω	찍어버리다	προσκαρτερέω	따르다, 마련하다
ἐκπίπτω	떨어지다	σέβομαι	예배/숭배하다
ἐμφανίζω	계시/나타내다	σιγάω	침묵하다, 입을 다물다
ἐξομολογέω	확언/고백하다	σιωπάω	침묵하다
ἐπιδίσωμι	넘겨주다, 포기하다	στήκω	서 있다
ἐπιτάσσω	명령하다	συζητέω	서로 말하다
ἐπιτελέω	마치다	σφάζω	도살하다
θλίβω	괴롭히다, 제한하다	ὑπαντάω	만나다, 마주치다
κοσμέω	화장하다, 정돈하다	φείδομαι	아끼다
μακροθυμέω	인내하다	χωρέω	물러나다, 자리를 만들다
μέλει τινί	~에게 그것이 중요하다		
ἅμα	동시에	μακράν	먼
ἐπειδή	이후에, 왜냐하면	ὄντως	참으로
κἀκεῖ	그리고 거기에	ταχέως	빨리, 속히
κἀκεῖθεν	그 뒤에	ὅδε, ἥδε, τόδε	이 사람, 이 여자, 이것

17. 첨부: 초대 기독교 문헌에 자주 등장하는 단어들

ἁγνός	(문화/풍습적) 정결한	γογγύζω	중얼/투덜거리다
ἀγών, -ῶνος ὁ	경주, 달음질	γυμνάζω	연습하다
ἀγωνίζομαι	싸우다	δακρύω	울다
ἀδόκιμος	쓸모없는, 해서는 안 되는	δαπανάω	지불/소모하다
ἀεί	항상	δειλός	무서워하는, 겁내는
αἵρεσις	파(波)	δῆλος	분명하게, 틀림없이

αἰσχρός	부끄러운, 단정치 않은	διάγω	(사람을) 보내다, 살아가다
αἰσχύνομαι	부끄러워하다	διατρίβω	머물다, 지내다
αἴτιος	책임 있는; 근원자	δίκη	형벌
ἀκριβής	정확한	δοκεῖ μοι	나는 ~라고 생각한다
ἀμείνων, -ονος	더 나은	δόκιμος	확증된, 인정을 받는
ἀμήχανος	어려운, 어찌할 바 모르는	δουλόω	종으로 만들다
ἀναγκάζω	강요하다	δωρεάν	(부) 공짜로, 거저
ἀναγκαῖος	필요한	ἐξετάζω	조사, 연구하다
ἀξιόω	요구/가치 있는 것으로 여기다	ἐλάσσων, -ονος	더 작은
ἁπλότης, -τητος ἡ	순수함, 관대함	ἐναντίος	반대의, 적대자
ἀποδέχομαι	영접/환영하다	ἔνιοι	몇몇의, 약간의
ἀποδημέω	(낯선 곳에 있다) 여행하다	ἔοικα	~와 같다
ἀπολογία	변명/해명	ἐπιλανθάνομαι τινός	~이 있다
ἀπορέω	당황하다	ἐπιμέλομαι τινός	~을 염려하다
ἀργός	게으른	ἐπίσκοπος	감시자, 감독
ἀρετή	덕	ἐπιτυγχάνω τινός	~을 얻다
ἄριστος	최고의	ἔρις, -ιδος ἡ	싸움
ἀρκέω	충분하다	ἑρμηνεύω	통역하다
ἀσεβής	경건하지 못한	εὐδαίμων, -ονος	행복하게
ἀσφαλής	확고한, 안전한	εὐδοκία	기쁨, 평화
αὖθις	재차, 다시	εὐσεβής	경건한
ἀφικνέομαι	도착/도달하다	εὐεργέτης	은인
βαρύς	어려운	εὐτυχία	행운
βέβαιος	확실한, 강한	ζημία	단점; 형벌
βελτίων, -ονος	더 나은	ἥδομαι (τινί)	기뻐하다(~을)
βιάζομαι	침입하다	ἡδονή	기쁨, 향락
βίος	생명	ἡλικία	나이, 수명
βοηθέω	돕다	καθ' ἡμέραν	매일, 날마다
βουλεύομαι	생각하다, 헤아리다	ἡμέτερος, α, αν	우리의
βραδύς	느리게, 천천히	θαρσέω	용감한
βραχύς	1. 짧은, 2. 적은	θαυμαστός	놀라운
γνώμη	생각	θεῖος	신적인
ἀναμιμνήσκω	기억하다	τὸ δέον	의무, 필연

ἰατρός	의사
ἰδία	자기의, 스스로를 위하여
ἱδρύω	세우다, 건축하다
ἱερός, ά, όν	거룩한
ἴσος	같은
καλύπτω	덮다, 숨기다
καταδικάζω	정죄하다
καταφρονέω	(2격과 함께) ~를 무시하다
κίνδυνος	위험
κινέω	움직이다
κοινωνέω τινός	참여하다
κολάζω	처벌하다, 징계하다
κόπτω	때리다
κράτιστος	존귀한, 강한
κραυγάζω	외치다
κτάομαι	(Pf. κέκτημαι) 얻다, 손에 넣다
λανθάνω τινά	감추어져 있다, 숨다
ποιῶν	비밀스럽게 하다
λαμπρός, ά, όν	빛나는, 화려한
μάχομαι τινί	싸우다, 전쟁하다
μεστός τινος	~으로 가득한
μεταμέλομαι	뉘우치다
μιμέομαι	본받다, 닮다
μιμητής	본받는 사람
μνήμη	기억, 회상
νῆσος ἡ	섬
νίκη	승리
ὁμόνοια	조화, 일치, 단결
ὀνειδίζω	모욕하다, 욕하다
ὀνομάζω	명명하다, ~라고 부르다

τὰ δέοντα	의무, 필연
πάτριος, α, ον	아버지의, 조상의
πεδίον	평평한 곳
πέφυκα	천성적으로, 날 때부터
πολέμιος	적대적인; 적대자
πόνος	수고, 노력
πορθέω	근절시키다, 죽이다
πόρρωθεν	멀리서부터
πρέπει	당연하다, 어울리다
πρόθυμος, ον	기꺼이 하려는, 마음으로 원하는
ῥίπτω	던지다
σημαίνω	보여주다
σκληρός, ά, όν	굳은
στάσις, -εως ἡ	봉기, 폭동
συγγενής, ές	친척의; 친척
συμβαίνει	만나다, 발생하다
σύνεσις, -εως ἡ	이해, 총명, 판단력
σύνοιδα ἐμαυτῷ	함께 알고 있다
σώφρων, -ονος	신중한
τάξις, -εως ἡ	질서
τάσσω	직무를 맡기다
ταχύς	빠른
τείνω	늘이다, 팽창하다
τεῖχος, -ους τό	담
τρέπω	회전시키다, 전환하다
τρέφω	먹여 살리다, 기르다
τύχη	(행운) 우연히; 운명
ὑπισχνέομαι	약속
ὕπνος	잠, 숙면
φθάνω τινά	먼저오다, 앞지르다
ποιῶν	먼저 행하다

τῷ ὄντι	실제로	(δια)φθείρω	파괴하다, 멸하다
ὁρατός	보이는, 볼 수 있는	φθόνος	시기
ὁρμάω	돌진하다	φθορά	멸망, 사멸
ὅσιος	거룩한, 경건한	φόνος	살인
πάθος, -ους τό	고통, 고난	χαλεπός, ή, όν	어려운, 좋지 않은
πάλαι	이미 오래	χρή	~해야 한다
πάντως	완전한	χρηστός, ή, όν	부드러운, 편안한, 좋은
παραινέω	충고하다, 권하다	χρίω	(~을) 바르다
τὸ μέλλων	미래	χριστός	기름 부음 받은
τὰ μέλλοντα	미래		

직설법	능동태	중간태	수동태
현재	παιδεύω	παιδεύομαι	
	παιδεύεις	παιδεύῃ	
	παιδεύει	παιδεύεται	
	παιδεύομεν	παιδευόμεθα	
	παιδεύετε	παιδεύεσθε	
	παιδεύουσιν	παιδεύονται	
과거	ἐπαίδευον	ἐπαιδευόμην	
	ἐπαίδευες	ἐπαιδεύου	
	ἐπαίδευεν	ἐπαιδεύετο	
	ἐπαιδεύομεν	ἐπαιδευόμεθα	
	ἐπαιδεύετε	ἐπαιδεύεσθε	
	ἐπαίδευον	ἐπαιδεύοντο	
미래	παιδεύσω	παιδεύσομαι	παιδευθήσομαι
	παιδεύσεις	παιδεύσῃ	παιδευθήσῃ
	παιδεύσει	παιδεύσεται	παιδευθήσεται
	παιδεύσομεν	παιδευσόμεθα	παιδευθησόμεθα
	παιδεύσετε	παιδεύσεσθε	παιδευθήσεσθε
	παιδεύσουσιν	παιδεύσονται	παιδευθήσονται
단순과거(Aor.)	ἐπαίδευσα	ἐπαιδευσάμην	ἐπαιδεύθην
	ἐπαίδευσας	ἐπαιδεύσω	ἐπαιδεύθης

	ἐπαίδευσεν	ἐπαιδεύσατο	ἐπαιδεύθη
	ἐπαιδεύσαμεν	ἐπαιδευσάμεθα	ἐπαιδεύθημεν
	ἐπαιδεύσατε	ἐπαιδεύσασθε	ἐπαιδεύθητε
	ἐπαίδευσαν	ἐπαιδεύσαντο	ἐπαιδεύθησαν
부정사. 현재	παιδεύειν	παιδεύεσθαι	
미래	παιδεύσειν	παιδεύσεσθαι	παιδευθήσεσθαι
단순과거(Aor.)	παιδεῦσαι	παιδεύσασθαι	παιδευθῆναι
현재완료	πεπαιδευκέναι	πεπαιδεῦσθαι	
분사. 현재	παιδεύων	παιδευόμενος	
미래	παιδεύσων	παιδευσόμενος	παιδευθησόμενος
단순과거(Aor.)	παιδεύσας	παιδευσάμενος	παιδευθείς
현재완료	πεπαιδευκώς	πεπαιδευμένος	
명령. 현재	παίδευε	παιδεύου	
단순과거(Aor.)	παίδευσον	παίδευσαι	παιδεύθητι
(3인칭 -έτω/-έτωσαν		-έσθω/-έσθωσαν)	

접속사	능동태	중간태	수동태
현재	παιδεύω	παιδεύωμαι	
	παιδεύῃς	παιδεύῃ	
	παιδεύῃ	παιδεύηται	
	παιδεύωμεν	παιδευώμεθα	
	παιδεύητε	παιδεύησθε	
	παιδεύωσιν	παιδεύωνται	
단순과거(Aor.)	παιδεύσω	παιδεύσωμαι	παιδευθῶ
	παιδεύσῃς	παιδεύσῃ	παιδευθῇς
	παιδεύσῃ	παιδεύσηται	παιδευθῇ
	παιδεύσωμεν	παιδευσώμεθα	παιδευθῶμεν
	παιδεύσητε	παιδεύσησθε	παιδευθῆτε
	παιδεύσωσιν	παιδεύσωνται	παιδευθῶσιν
(강) 단순과거	βάλω	βάλωμαι	
	βάλῃς	βάλῃ	
	βάλῃ	βάληται	
	βάλωμεν	βαλώμεθα	

βάλητε	βάλησθε	
βάλωσιν	βάλωνται	

	(단수)			분사 (복수)		
현재 능동태	λύων	λύουσα	λῦον	λύοντες	λύουσαι	λύοντα
	λύοντος	λυούσης	λύοντος	λυόντων	λυουσῶν	λυόντων
	λύοντι	λυούσῃ	λύοντι	λύουσιν	λυούσαις	λύουσιν
	λύοντα	λύουσαν	λῦον	λύοντας	λυούσας	λύοντα
(약) 단순과거 능동태	λύσας	λύσασα	λῦσαν	λύσαντες	λύσασαι	λύσαντα
	λύσαντος	λυσάσης	λύσαντος	λυσάντων	λυσασῶν	λυσάντων
	λύσαντι	λυσάσῃ	λύσαντι	λύσασιν	λυσάσαις	λύσασι
	λύσαντα	λύσασαν	λῦσαν	λύσαντας	λυσάσας	λύσαντα
(강) 단순과거 능동태	βαλών	βαλοῦσα	βαλόν	βαλόντες	βαλοῦσαι	βαλόντα
	βαλόντος	βαλούσης	βαλόντος	βαλόντων	βαλουσῶν	βαλόντων
	βαλόντι	βαλούσῃ	βαλόντι	βαλοῦσιν	βαλούσαις	βαλοῦσιν
	βαλόντα	βαλοῦσαν	βαλόν	βαλόντας	βαλούσας	βαλόντα
단순과거 수동태	θείς	θεῖσα	θέν	θέντες	θεῖσαι	θέντα
	θέντος	θείσης	θέντος	θέντων	θεισῶν	θέντων
	θέντι	θείσῃ	θέντι	θεῖσιν	θείσαις	θεῖσιν
	θέντα	θεῖσαν	θέν	θέντας	θείσας	θέντα
현재완료 능동태	κώς	κυῖα	κός	κότες	κυῖαι	κότα
	κότος	κυίας	κότος	κότων	κυιῶν	κότων
	κότι	κυίᾳ	κότι	κόσιν	κυίαις	κόσιν
	κότα	κυῖαν	κός	κότας	κυίας	κότα

18. 헬라어 번역을 위한 지침

1. 문장 전체를 읽고 문장을 구성하는 주요 용법을 주의하라.(예. μέν -δέ)
2. 문장 안에서의 구두점과 단어 안에서의 기호들을 주의하라.
   (τίς; "누구?"; εἶπεν σύ = 그가 말했다: "너"!).
3. 먼저 부문장을 분리하고 주문장의 본동사를 찾으라.
4. 주문장에서 본동사에 맞는 주어를 찾으라.(중성복수는 동사의 어미변화에서 단수어미를 갖는다!)
5. 주어에 속해 있는 분사들을 찾으라.
   먼저, 단어적으로 분사를 문장(콘텍스트)에 맞게 해석하라. 개별적, 병렬적으로 번역하든지 아니면 ("그리고") 종속적으로("때", "왜냐하면", "비록~이지만", "~면" 등등) 하라.
6. 절대 소유격[1](Gen. abs.)은 분사가 2격의 형태로 있을 때 존재하게 된다.(그러나 그 분사가 서술격일 경우에만, 예를들어 τοῦ κυρίου λέγοντος "주께서 말하는 동안에", 반대로 부사적으로 분사를 해석할 경우는 τοῦ λέγοντος κυρίου "말하는 주님"이 된다.)
7. 부정사(Infinitive)는 부정사와 연결되어 있는 단어를 찾아야 한다. 가능성들은:
   a) 동사의 보충
   b) AcI의 Inf.
   c) 주격으로서
   d) 시간적으로 연속적인(ὡς/ὥστε 없이)
   e) 서술적으로("즉")
   f) 가끔, 절대 Inf.로서 독립된
8. 주문장에 동사가 없고, 단지 하나 또는 여러 개의 부정사만 있다면, 그 앞선 문장으로부터 '말하다'와 관련된 동사들(Verbum dicendi: 묻다, 언급하다, 신음하다, 탄식하다 등)을 찾거나 또는 추론하라.(oratio obliqua)
9. 간접화법(oratio obliqua)에서 모든 주문장은 AcI(주어가 목적격의 형태를 갖고 부정사가 서술어가 되는) 형태로 형성되어진다.
10. 4격 형태의 주격(Subj.-Akk)을 위하여 접속법. 분사(Ptc.conj.)가 4격의 형태로 놓여질 수 있다. 예. ἥκοντα λέγειν = αὐτὸν ἥκειν καὶ λέγειν.(비교. 블라스-데브룬너 § 410, zB. Lk 5,7)
11. 모든 단어, 모든 문장 성분 또는 모든 문장은 주어가 될 수 있다.
    관사(τό, τοῦ, τῷ)와 부정사 사이에 종종 다른 문장 성분들이 들어온다.
    주어와 접속법 분사(Ptc.conj.)는 주격화된 부정사(4격) 곁에 놓인다!
12. 목적격도 주격도 아닌 목적격은 제한(한정)의 목적격이 될 수 있다!
13. 모든 2격은(Gen.abs.는 예외이지만) 부사의 2격으로서 명사를 수식하거나, 2격을 지배하는 동사의 목적어로서 부사적으로 사용될 수 있다.
14. 관계사는 자기의 관계어(Beziehungswort)가 없을 때, 그에 합당한 인칭대명사를 가져온다.(예. οἵ=οὗτοι, οἵ) 콤마(,)가 없어도 종종 Attractio relativi[2]가 온다.

15. 부정어 οὐ는 현실을 부정하고 직설법의 부정에 사용되어진다.

οὐ는 개별적인 단어들과 문장 성분들을 부정한다.

μή는 생각의 실현을 부정하고 부정사와 분사의 부정을 위해 사용된다. 더 나아가서 μή는 과거와 현재에 사용되어진다.

16. οὐ와 μή에 관한 질문: οὐ(οὐ, μή, οὐχί), 긍정의 대답을 기대할 때,

μή(μήτι), 부정의 대답을 기대할 때,

예. 고전 9:8 μὴ κατὰ ἄνθρωπον ταῦτα λαλῶ.('그렇지 않은가?' : 대답 "아니오")

ἢ καὶ ὁ νόμος ταῦτα οὐ λέγει.('아니지?' : 대답 "네")

17. 부정어는 다른 부정어를 통하여 강하여진다: οὐ … οὐδείς, μὴ … μηδείς, οὐ … οὐκέτι.

18. 간접화법에서 ἄν: 과거 = 비현실적 소망(현재)/단순과거(Aor.) = 비현실적 소망(과거)

접속법: 동작의 일회적 또는 반복.

희구법: 잠재/가능성.("아마도")

19. 부정사와 분사에서 ἄν : 비현실 또는 가능.

20. 미래분사와 ὡς: 결과; 현재분사/단순과거분사와 ὡς: 원인.

21. 명령법, 현재, 단수, 4격/중간-수동태에서 Verba contracta[3]:

τίμα / τιμῶ ποίει / ποιοῦ δούλου / δουλοῦ

22. 강변화 단순과거(Aor.)의 강조(현재 어간과 구별하여) :

βαλεῖν - βαλών - βαλοῦ - βαλέσθαι.

---

1) 절대 소유격(Gentivus Absolutus)은 헬라어의 문장에서 한 명사와 한 분사로 구성되는데 둘 다 모두 2격의 형태를 지닌다. 물론, 이때 두 단어는 모두 성과 수가 일치하여야 한다. 이 경우에 해석은 문장 내에서 맞게 찾아 해석해야 한다.(조건, 원인, 시간 등)(역자 주)

2) 관계어가 관계대명사의 격을 따라가는 것.(역자 주)

3) 동사의 어간이 축약되는 것.(역자 주)

19. 색인

κλῆρος 30
κλῆσις 30
κλητός 32
κοιλία 24
κοιμάομαι 27
κοινός 29
κοινόω 29
κοινωνέω 35
κοινωνία 26
κοινωνός 32
κολάζω 35
κολλάομαι 31
κομίζω 31
κοπιάω 25
κόπος 26
κόπτω 35
κόσμος 11
κοσμέω 33
κράβατος 30
κράζω 17
κρατέω 19
κράτιστος 35
κράτος 30
κραυγάζω 35
κρείσσων 27
κρίμα 22
κρίνω 12
κρίσις 19
κριτής 27
κρύπτω 27
κρυπτός 26
κτάομαι 35
κτίζω 27
κτίσις 26
κύριος 7
κωλύω 25
κώμη 22
κωφός 29
λαλέω 8
λαμβάνω 8
λαμπρός 35
λανθάνω 35
λαός 11
λατρεύω 25
λέγω 8
λείπω 25
λευκός 24
λῃστής 26
λίαν 31
λίθος 16
λίμνη 30
λιμός 30
λογίζομαι 19
λόγος 7
λοιπός 17
λυπέω 23
λύπη 26
λυχνία 30
λύχνος 28
λύω 19
μαθητής 7
μακάριος 17
μακράν 33
μακρόθεν 29
μακροθυμέω 33
μακροθυμία 28
μάλιστα 31
μᾶλλον 16
μανθάνω 23
μαρτυρέω 15
μαρτυρία 20
μαρτύριον 24
μάρτυς 20
μάχαιρα 22
μάχομαι 35
μέγας 12
μείζων 19
μέλει 33
μέλλον 36
μέλλω 12
μέλος 20
μέν 14
μένω 12
μερίζω 29
μεριμνάω 27
μέρος 19
μέσος 17
μεστός 35
μετά 10
μεταβαίνω 31
μεταμέλομαι 35
μετανοέω 21
μετάνοια 24
μεταξύ 32
μετρέω 31
μέτρον 28
μέχρι 28
μή 11
μηδέ 18
μηδείς 16
μηκέτι 25
μήν 26
μήποτε 23
μήτε 22
μήτηρ 15
μήτι 28
μικρόν 28
μικρός 20
μιμέομαι 35
μιμητής 35
μιμνῄσκομαι 25
μισέω 21
μισθός 22
μνῆμα 33
μνημεῖον 20
μνήμη 35
μνημονεύω 25
μοιχεύω 29
μόνον 18
μόνος 19
μύρον 28
μυστήριον 22
μωρός 30
ναί 22
ναός 19
νεανίσκος 30
νεκρός 11
νέος 24
νεφέλη 22
νήπιος 29
νῆσος 35
νηστεύω 25
νικάω 23
νίκη 35
νίπτω 27
νοέω 29
νομίζω 27
νόμος 11
νόσος 30
νοῦς 24
νυμφίος 26
νῦν 14
νυνί 28
νύξ 17
ξενίζω 33
ξένος 28
ξηραίνω 27
ξύλον 24
ὁ, ἡ, τό 7
ὅδε 33
ὁδός 11
ὀδούς 30
ὅθεν 28
οἶδα 8
οἰκία 15
οἰκοδεσπότης 30
οἰκοδομέω 19
οἰκοδομή 26
οἰκονόμος 32
οἶκος 11
οἰκουμένη 26
οἶνος 20
οἷος 28
ὀλίγος 19
ὅλος 12
ὄμνυμι 23
ὁμοθυμαδόν 31
ὅμοιος 19
ὁμοιόω 27
ὁμοίως 22
ὁμολογέω 23
ὁμόνοια 35
ὀνειδίζω 35
ὄνομα 7
ὀνομάζω 35
τῷ ὄντι 36
ὄντως 33
ὀπίσω 22
ὅπου 16
ὅπως 18
ὅραμα 30
ὁρατός 36
ὁράω 13
ὀργή 20
ὅριον 30
ὅρκος 32
ὁρμάω 36
ὄρος 17
ὅς, ἥ, ὅ 7
ὅσος 12
ὅστις 12
ὅταν 14
ὅτε 14
ὅτι 11
οὗ 25
οὐ, οὐκ, οὐχ 11
οὐαί 20
οὐδέ 14
οὐδείς 10
οὐδέποτε 28
οὐκέτι 20
οὐ μή 16
οὖν 10
οὔπω 23
οὐρανός 7

그 밖에 (이 책의 어휘로 기재하지는 않았지만, 그러나 쉽게 추론될 수 있는) 신약성서에 10번 이상 등장하는 단어들은 아래와 같다.

ἀμήν 126×
ἀπαγγέλλω 46×
ἀπάγω 15×
ἀπέρχομαι 116×
διέρχομαι 42×
εἰσάγω 11×
εἰσπορεύομαι 18×
εἰσέρχομαι 192×
ἐκβάλλω 81×
ἐκπορεύομαι 33×
ἐμβλέπω 11×
ἐξάγω 12×
ἐξέρχομαι 216×
ἐπαισχύνομαι 11×
ἐπιβάλλω 18×
ἐπιτίθημι 40×
καταγγέλλω 18×
κατάκειμαι 12×
καταλύω 17×
κατέρχομαι 15×
προσέρχομαι 87×
προστίθημι 18×
προσφέρω 47×
προφητεύω 28×
συλλαμβάνω 16×
συμφέρω 15×
συνάγω 59×
συνέρχομαι 30×
συνίστημι 16×(p. 8)
ψευδοπροφήτης 11×
ὦ 17×

페이지 찾기

a) 명사의 변화

b) 동사의 변화

c) 어간형

참고문헌

R. Morgenthaler. Statistik des neutestamentlichen Wortschatzes. Zürich, 1982[3].

W. Bauer. Griechisch-Deutsches Wörterbuch zu den Schriften des Neuen Testaments und der übrigen urchristlichen Literatur. Berlin, 1971[5].

F. Blaß/A. Debrunner. Grammatik des neutestamentlichen Griechisch. Bearb. von F. Rehkopf. Göttingen, 1984[16].